PUBLISHED BY / PUBLIE PAR
D-DAY PUBLISHING
103-105 rue Marcelis
1970 Wezembeek-Oppem
BELGIUM

Printed in Belgium
D/2002/7007/05

THE WAY
WE WERE

COL. ROBERT M. PIPER
"BOB"
0-407914

Headquarters Company,
505th Parachute Infantry Regiment,
82nd Airborne Division

MICHEL DE TREZ

D-DAY
Publishing

Lady Luck.   This is the pictorial story of a young American paratrooper of the 82nd Airborne Division during World War Two who was accompanied by "Lady Luck" while making four combat parachute jumps and surviving six battle campaigns of fierce fighting in Europe and being wounded only once by enemy fire.

Lieutenant Piper and "Lady Luck" traveled together for night jumps into Sicily and Salerno, and in Italy fighting German and Italian forces along the way. As members of the 505th Parachute Infantry Regiment they were among the first troops into Naples, on October 1, 1943. From Italy, they transferred to Great Britain. Although Berlin Radio said ships carrying the regiment would be torpedoed in the Straits of Gibraltar, Piper now a Captain, and his friend "Lady Luck," arrived in Northern Ireland without incident and thoroughly enjoyed the English speaking "Brits". After two months of long nights, short days and rest, the regiment moved to the mid-lands of England to prepare for the Normandy Invasion. It was there that Captain Piper was given the task of overseeing Miss Stevens, an American Red Cross lady, who had been assigned to the regiment. He thought "Lady Luck" had deserted him.

Robert Piper, June 6th 2002

Ceci est l'histoire d'un jeune officier parachutiste américain de la 82ème Division Aéroportée, durant la seconde guerre mondiale. Il devait être accompagné d'une bonne étoile, car bien qu'ayant effectué quatre sauts de combat et participé à six campagnes faites de rudes combats en Europe, il ne sera blessé qu'une fois.

Le Lieutenant Piper fut largué de nuit sur la Sicile et Salerne et, toujours protégé par sa bonne étoile, combattit au cours de sa progression les forces allemandes et italiennes. Il était avec le 505th Parachute Infantry Regiment parmi les premières troupes à entrer dans Naples, le 1 octobre, 1943.

D'Italie, il fut envoyé en Grande-Bretagne et bien que Radio Berlin eût annoncé que les bateaux transportant le régiment seraient torpillés dans le détroit de Gibraltar, Piper, maintenant devenu capitaine, arriva en Irlande du Nord sain et sauf. Après deux mois de longues nuits et de courtes journées, composées de repos, le régiment fit mouvement vers le centre de l'Angleterre pour se préparer à l'invasion de la Normandie. C'est là que le capitaine Piper reçut la tâche de prendre en charge Melle Stevens, une jeune fille américaine de la Croix Rouge, qui avait été affectée au régiment. Il pensa alors que sa bonne étoile l'avait quitté.

Become a Paratrooper
JUMP INTO THE FIGHT

The regiment dropped into Normandy, some five hours before the beach landings. The troops fought for twenty-eight consecutive days. Piper found that "Lady Luck" had returned to protect him when on two separate occasions, good friends were killed standing next to him and he was only knocked to the ground uninjured.

On September 17, 1944, the regiment's fourth and final combat jump took place in Holland and the key bridges over the Waal River at Nijmegen were captured after some fierce fighting. In late November the regiment returned to Camp Suippes in France for a scheduled rest. On December 17, when the German forces attacked through the Ardennes, Piper was dispatched to the Werbomont crossroads in Belgium to establish a campsite for the regiment, the Battle of the Bulge had started. The cold winter Ardennes offensive was underway when "Steve" the 505 Red Cross lady, arrived to serve donuts and coffee to the companies in the cold night.

"Lady Luck" continued to be with Bob Piper, now a Major, when he and Miss Stevens were married in Epinal, France, in June 1945.

As one can see fighting a war is difficult, at best, and without "Lady Luck" on one's side war can be a disaster...

Le régiment fut parachuté en Normandie, environ cinq heures avant le débarquement sur les plages. Les troupes combattirent pendant vingt-huit jours consécutifs. Piper put constater que sa bonne étoile ne l'avait pas quitté quand à deux reprises, de proches amis qui se tenaient à côté de lui trouvèrent la mort alors que lui avait seulement été projeté au sol.

Le 17 septembre 1944, le régiment effectua son quatrième et dernier saut de combat, en Hollande, afin de s'emparer des ponts de la Waal à Nimègue. Fin novembre le régiment revint au Camp Suippes, en France pour un repos bien mérité. Le 17 décembre quand les forces allemandes attaquèrent par les Ardennes, Piper fut acheminé à Werbomont, en Belgique afin d'y établir un campement pour le régiment. La bataille des Ardennes avait commencé. Cette rude et glaciale offensive était en cours quand "Steve", la dame de la Croix Rouge, arriva pour servir café chaud et donuts aux compagnies pendant les froides nuits d'hiver.

La bonne étoile continua à veiller sur Bob Piper, devenu major, quand lui et Melle Stevens se marièrent en juin 1945, à Epinal, en France. Une guerre est difficile et, sans une bonne étoile, la guerre peut se transformer en désastre...

Bob Piper was born in Winthrop, Massachusetts, May 17, 1919. After graduating from Hebron Academy, he went to the University of New Hampshire and took ROTC (Reserve Officers Training Corps) two years basic and two years advanced. Upon graduation on June 16, 1941, Piper received a commission as a 2nd Lieutenant of Infantry.

The Lieutenant took a final-type physical exam and joined the US Army in June 1941. He was ordered to extended active duty on June 18, 1941 and went to the Basic Infantry Officers' Course at the Infantry School, Fort Benning, Georgia.

In August 1940, a test platoon of American parachutists had been formed at Fort Benning, and since then had gone into training there. While attending his course, Piper viewed the Airborne as the way of the future. He volunteered for parachute duty during a visit with Lt. Col. William M. Miley, who was at the time Commanding Officer and organizer of the 501st Parachute Battalion; the first Parachute Battalion of the US Army.

At the time, the 501st was the sole parachute unit and as there were no vacancies for an officer, orders directed Piper to Camp Roberts, California to take command of a foot-slogging basic training infantry company.

It was not until Spring 1942 that orders came: "detailed to report to Ft. Benning..." and go through its Jump School. Upon completing basic jump course and a one week jumpmaster school the young twenty-three year old lieutenant was jump qualified and assigned to the newly activated 505th Parachute Infantry Regiment. He was initially a Platoon Leader in 'G' Company, 3rd Battalion and then became Company Executive Officer. The 505th Parachute Infantry Regiment set record when from activation to combat readiness, only six months passed. At the time, the unit was commanded by Colonel James M. Gavin.

While the regiment was ordered to go overseas, Lieutenant Bob Piper was appointed Assistant Regimental Personnel Officer to Al Ireland and got the mission of getting the Regiment administratively ready to go. This mission was only the first one of a long list.

Piper est né le 17 mai 1919, à Winthrop dans le Massachusetts. Diplômé de l'Académie d'Hebron, il s'inscrit à l'Université du New Hampshire et suit la formation ROTC (corps d'entraînement des candidats officiers de réserve) pendant deux ans de préparation et deux ans de spécialisation.

Gradué le 16 juin 1941, il est commissionné sous-lieutenant d'infanterie.

Le lieutenant passa un dernier examen physique et entra dans l'armée des Etats-Unis en juin 1941. Il fut porté au service actif le 18 juin 1941 et suivit les cours de base de l'officier d'infanterie, à l'école d'infanterie de Fort Benning en Géorgie.

En août 1940, le Test Platoon des parachutistes américains avait été formé à Fort Benning et s'y entraînait.

Alors que Piper suivait ses cours il prédit dans les troupes aéroportées un avenir prometteur. Il se porta volontaire pour cette unité d'élite lors d'une entrevue avec le major Miley, qui était à cette époque le Commandant du 501st Parachute Bn., le premier bataillon de parachutistes de l'armée des Etats-Unis d'Amérique.

Étant donné qu'à cette époque le 501ème était l'unique unité de parachutistes et qu'il n'y avait aucun poste vacant pour un officier, Piper se rendit en Californie, à Camp Roberts, où il prit le commandement d'une compagnie de fantassins en instruction de base.

Ce n'est qu'au printemps 1942 que l'ordre tant attendu arriva "prière de vous rendre à Ft. Benning..." et à son Ecole de Parachutisme.

Après avoir suivi l'entraînement de base au saut et une semaine de perfectionnement, le jeune lieutenant de vingt-trois ans obtint son brevet de saut et fut assigné au nouvellement créé 505ème Parachute Infantry Regiment. Il y était initialement un chef de peloton de la compagnie 'G' du 3ème bataillon et ensuite le commandant en second de la compagnie.

Le 505 avait déjà établi un record quand, de son activation jusqu'au moment où il fut prêt pour le combat, seulement six mois s'étaient écoulés. L'unité était à cette époque sous le commandement du Colonel James M. Gavin.

Quand le régiment reçut l'ordre de se rendre Outre-Atlantique, Piper fut nommé assistant officier responsable du personnel du régiment, sous Al Ireland, et reçut pour mission de préparer le régiment administrativement à faire mouvement. Cette mission confiée à Piper n'était que la première d'une longue série.

Front Row (left to right): Major James A. Gray – C.O. 2nd Bn., Lt. Col Arthur F. Gorham – C.O. 1st Bn., Colonel James M. Gavin – Regtl. C.O., Lt Col Herbert F. Batcheller – Regtl. X.O., Major Edward A. Zaj – Regtl. S-4, Major Edward C. Krause – C.O. 3rd Bn.

2nd Row (left to right): Captain Lester Stien (Doctor) standing, Lt. Harold E. Miller – 'B' Co., Lt. William E. Schmees – Hq. Co. 2nd Bn., Lt. John J. Dolan – 'A' Co., Lt. Richard S. Janney, Lt. John P. Edack – 3rd Bn, Lt. Jack N. Hoffman – 3rd Bn, Captain John D. Rice – 'D' Co., Lt. August C. Falen – 3rd Bn., Lt. Harry M. Masters – 2nd Bn., Captain James E. Ginity, Captain Amelio D. Palluconi – 2nd Bn, Captain John Norton – 'H' Co., Captain Alfred W. Ireland - Regtl S-1, Captain Leolus L. Wall – Hq. Co. 3rd Bn., Captain Paul G. Woolslayer – 1st Bn., Captain Walter Delong – Hq. Co. 3rd Bn., **Lt. Robert M. Piper** – 'G' Co., Captain Adolph Piontek, Chaplain Matthew J. Connely – Catholic Chaplain, Captain Patrick J. Gibbons 'G' Co., Captain Dale A. Roysdon - 'B' Co., Captain Edwin M. Sayre - 'A' Co., Captain Lyle B. Putnam – Doctor, Captain Robert Franco – Doctor.

3rd Row (left to right): Lt. Arthur J. Cross – 3rd Bn., Lt. Thomas W. Graham – 1st Bn., Lt. Charles Paterson – Regtl Hq., Lt. Alexander H. Townsend, Lt. Arthur W. Miller, Lt. Talton W. Long – 1st Bn., Lt. Clyde B. Russell – 2nd Bn., Lt. Charles E. Sammon – 1st Bn., Warrant officer Robert A. Ross – Regtl Hq., Lt. Anthony M. Stefanich – 1st Bn, C Co., Chaplain George B. Wood, Protestant Chaplain, Lt. James M. Irvin – 2nd Bn., Lt. Taylor G. Smith – 2nd Bn., Lt. William K. Richardson, Lt. Carl E. Schenk – Regtl Hq. Co., Lt. Ray O. Brassell – 1st Bn., Lt. Walter F. Simon – 3rd Bn., Lt Frederick L. Mill, Captain Francis J. Myers – 3rd Bn., Lt. Richard L.

Wells – 3rd Bn., Lt. Anthony J. Pappas – 2nd Bn., Lt. Joseph W. Vandervegt – 3rd Bn., Lt. James F. Huffman – 3rd Bn., Lt. William J. Harris – 3rd Bn., Lt. William R. Naugle, Jr - "G" Co 3rd Bn., Lt. Robert S. Insley.

4th Row (left to right): Lt. Harold L. Gensemer – 3rd Bn., Captain Alexander P. Suer (Doctor-Dentist), Captain Donat L. Savoie (Doctor-Dentist), Captain Carl R. Comstock (Doctor), Lt. Frederick H. Ruch, Lt. Roper R. Peddicord – 2nd Bn., Captain Willard R. Follmer – 3rd Bn., Lt. Winston O. Carter – 3rd Bn., Lt. Guy R. Anderson – 3rd Bn., Lt. Jack Tallerday – 1st Bn., Lt. Herbert K. Smith – 1st Bn., Lt. John D. Sprinkle – 1st Bn., Lt. Fred Baker – 3rd Bn., Captain Robert S. Kirkwood – 3rd Bn., Lt. Earnest W. Daily, Lt. Dean L. Garber – 1st Bn., Lt. James J. Smith – 2nd Bn., Lt. Neal L. McRoberts – 1st Bn., Lt. Ivan F. Woods – 3rd Bn., Lt. William P. May, Lt. John H. Boyd – Regt'l Hq. Co., Lt. John E. Samsel, Lt. Dean McCandless – 1st Bn., Lt. Crockett, Lt. Maurice J. Fitzgerald.

Back Row (left to right): Lt. Patrick B. Ward – 3rd Bn., Lt. Walter B. Kroener – 3rd Bn., Lt. Frank J. Szymkowicz – 2nd Bn., Lt. Waverly W. Wray – 2nd Bn., Lt. William T. Meddaugh – 2nd Bn., Lt. Donald M. Chappel, Lt. James M. Anastos, Lt. Turner B. Turnbull, Lt. Ivey K. Connell, Lt. Wallace E. Olson, Lt. George E. Dostalok, Lt. Charles K. Qualls, Lt. Eugene A. Doerfler – 2nd Bn., Lt. Robert D. Keeler, Lt. Joseph J. Caruso, Lt. Joseph V. De Masi, Lt. Charles A. Thompson, Lt. Houston G. Tubb, Lt. George W. Presnell, Lt. Vincent E. Voss, Lt. James E. Lally, Lt. Harold E. Case, Lt. Donald G. Coxon, Lt. Brock M. Weir, Lt. Michael C. Chester.

As a 1st Lieutenant, Piper stepped ashore at Casablanca, French Morocco and was moved to Oujda to participate in a two-months training, preparatory to parachuting into combat.

The planning for Piper unit's part of the Operation 'HUSKY', the Sicily invasion, began in the middle of May 1943. The 82nd Airborne Division was given the mission of securing the amphibious landing of the 1st Infantry Division in Sicily by establishing an airborne bridgehead. With the mission assigned, a training program was drawn up in the wind swept, dusty valley eight miles north of Oujda, where the temperature often reached 120 degrees.

During the first days of July, Lt. Piper moved by plane to the vicinity of Kairouan, in Tunisia where he was bivouacked in the Kairouan take-off area, ready to go on

C'est promu au grade de 1er Lieutenant que Piper mit pied à terre à Casablanca, au Maroc Français et fit mouvement vers Oujda pour prendre part à un entraînement de deux mois, visant à se préparer à être parachuté au combat.

La planification de la mission impartie à l'unité de Piper lors de l'Opération 'HUSKY', commença mi-mai 1943. La 82ème Division Aéroportée avait reçu pour mission de couvrir le débarquement de la 1ère Division d'Infanterie, en Sicile, en établissant une tête de pont aéroportée. Dès la mission définie, un entraînement se déroula au beau milieu d'une poussiéreuse vallée balayée par le vent, à treize kilomètres au nord d'Oujda, un endroit où la température atteignait souvent 50 degrés.

Au cours des premiers jours de juillet, Piper se rendit en avion dans les environs de Kairouan, en Tunisie. Là, il fut cantonné non loin de l'aérodrome où était basé le C-47 qui devait l'emmener vers sa première mission de combat.

Le Lieutenant Piper fut confronté pour la première fois aux réalités du combat, en Sicile. La 82ème Airborne devait mener une conquête éclair sur cette île, commençant le

May 1943, Lt. Piper in front of his tent in the windy and sandy plains of Oujda, French Morocco.

Mai 1943, le Lt. Piper se trouve devant sa tente plantée sur la plaine sablonneuse et venteuse d'Oujda, au Maroc Français.

1st Lt. Bob Piper at staging area in Casablanca, French Morocco after 82nd Airborne Division Atlantic crossing to join U.S. Forces fighting in Europe.

Le 1st Lt. Bob Piper à Casablanca, au Maroc, après la traversée de l'Atlantique effectuée par la 82ème Airborne Division pour rejoindre les Forces américaines se battant en Europe.

"The Regiment was sent overseas and set ashore at Casablanca. The paratroopers had to wear the divisional shoulder patch without the airborne tab and leggings instead of jump boots. I guess we were trying to fool the Germans!"

"Le Régiment fut envoyé Outre-Atlantique et débarqua à Casablanca. Les parachutistes devaient porter l'insigne de division sans le titre "Airborne" et des guêtres en lieu et place des bottes de saut. Nous devions sans doute être en train d'essayer de berner les Allemands !"

September 14, 1943, Captain Bob Piper, Asst. S-1 and Major Fred Kellam, 1st Bn X.O. near the drop zone on the hillside above Paestum. Piper had a short stay there before fighting north along the Mediterranean.

Le 14 septembre 1943, le Capitaine Bob Piper, Assistant S-1 et le Major Fred Kellam, 1st Bn X.O. se trouvent près de la zone de parachutage sur la colline dominant Paestum. Piper fit, à cet endroit, un court séjour avant de progresser plus au nord le long de la Méditerranée.

Silk escape map "Sicily-Italy" used by Piper.

Carte d'évasion "Sicile-Italie" utilisée par Piper.

Lt. Piper using a silk escape map tied around his neck to protect it from the burning Sicilian sun.

Le Lt. Piper utilisant une carte d'évasion en soie nouée autour de son cou pour protéger sa nuque du brûlant soleil sicilien.

Capt. John 'Jack' Norton, S-3 and Capt. Willard 'Bill' R. Follmer, 25-year old 'I' Company C.O., in front of the regimental planning map, up at the initial 505 CP on the hill above Paestum.

Le Capt. John 'Jack' Norton, S-3 et le Capt. Willard 'Bill' R. Follmer, le commandant de la compagnie 'I', devant la carte de situation du régiment, dans les hauteurs de Paestum, où le premier PC du 505 fut établi.

The 505 Staff photographed by Piper above Paestum. Capt. Jack Norton, S-3 and Capt. Bill Follmer, 'I' Company CO, look at the map while Colonel James Gavin, 505th C.O. discusses the situation with his X.O., Lt. Col. Herbert F. Batcheller.

Le personnel de commandement du 505 photographié par Piper au-dessus de Paestum. Le Capitaine Jack Norton, S-3 et le Capitaine Bill Follmer, commandant de la 'I' Co., étudient la carte, tandis que le Colonel James Gavin, commandant du 505ème analyse la situation avec son second, le Lt. Colonel Herbert F. Batcheller.

The jeep belonging to Major Edward 'Cannonball' C. Krause, CO, 3rd Battalion, 505, photographed by Piper, in Italy.
The black ball painted on the driver side of the windshield symbolized a cannon ball. It is the tactical sign of the 3rd Bn. This cannon ball also appeared painted on the sides of 3rd Bn's helmets.

La Jeep du Major Edward 'Cannonball' C. Krause, commandant du 3ème bataillon du 505, photographiée par Piper en Italie.
La boule noire peinte, côté chauffeur, sur le pare-brise, symbolise un boulet de canon. Il est l'insigne tactique du 3ème Bn. Ce boulet de canon apparaît également peint sur les côtés des casques du 3ème Bn.

Opposite page: Major Frederick C. Kellam, 1st Bn. XO on hill above Paestum.
Maj. Kellam, would be killed leading his battalion against the attack on the La Fière bridge on June 6, 1944.

Ci-contre : Le Major Frederick C. Kellam, commandant en second du 1er bataillon, sur la colline dominant Paestum.
Le Major Kellam trouvera la mort, à la tête de son bataillon, le 6 juin 1944 au pont de La Fière.

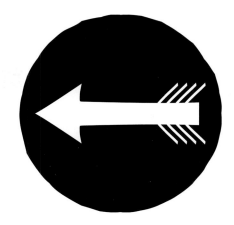

Paratroopers of the 505 photographed by Piper in Italy. The man sitting at the right front of the group, next to a bazooka and barrack bag is Carl W. Paul from 'F' Company.
Some of the men have a tactical sign painted on the side of their helmet; an arrow on a black dot symbolizing a cannonball.

Les parachutistes du 505 photographiés par Piper en Italie. L'homme assis à l'avant du groupe, à côté d'un sac de paquetage et d'un bazooka est Carl W. Paul de la compagnie 'F'.
On peut apercevoir, peint sur le côté du casque de quelques hommes, un insigne tactique ; une flèche dans un point noir symbolisant un boulet de canon.

October 1, 1943, the 505th PIR entered Naples after fighting north from the Salerno landings.

Le 1 octobre 1943, le 505ème PIR pénètre dans Naples après les combats qu'il a menés au nord de Salernes.

Naples, October 1943. Majors Walter F. Winton and Mark J. Alexander, respectively 1st and 2nd Battalion C.O.

Naples, octobre 1943. Les Majors Walter F. Winton et Mark J. Alexander, respectivement commandants du 1er et 2ème bataillon.

Captain Bob Piper, Major Walter F. Winton, 1st Battalion, CO and the freshly promoted Regimental XO, Lt. Colonel Mark J. Alexander, take a 2 day vacation on the Isle of Capri before leaving Naples for Ireland.

Le Capitaine Bob Piper, le Major Walter F. Winton, commandant du 1er bataillon et le Lt. Colonel Mark Alexander, le nouveau commandant en second du 505, s'accordent deux jours de repos à Capri, avant de faire mouvement de Naples vers l'Irlande.

Captain Robert Piper left Italy in November 1943 for a new station in Northern Ireland. Great Britain was not home but for the Captain, it was the nearest thing to it in a long time. The Irish rolling hills and green fields were as pleasant as the African desert had been repulsive, but resting and recreation was not to be the men's major occupation; it was going to be a matter of intense training for the following mission, i.e. the Normandy invasion.

In April 1944, Piper became the 505 Adjutant, S-1, and was for duty with Regimental Staff, drawing up plans for Operation Neptune, the invasion of Normandy.

En Novembre 1943, le capitaine Robert Piper quittait l'Italie pour une nouvelle affectation : le nord de l'Irlande. Pour le capitaine, la Grande-Bretagne n'était pas l'Amérique, mais c'était ce qu'il avait connu de plus proche depuis bien longtemps. Les vertes collines irlandaises étaient aussi plaisantes que le désert africain avait été répulsif. Il n'était cependant pas longtemps question de repos et de divertissement ; il s'agissait surtout de préparer intensément la mission suivante, l'invasion de la Normandie.

En avril 1944, Piper fut nommé à la fonction de Capitaine Adjoint du 505, S-1, et fut sélectionné pour faire partie du personnel du régiment prenant part à l'élaboration des plans pour l'Opération Neptune, le débarquement de Normandie.

April 1944, Bob Piper at Camp Quorn England. The 505th PIR Camp was established in the hamlet of Quorndon, Leicestershire. Piper stands by the wall that surrounded the camp area on the Nyleproe Estate, behind the Regt'l Headquarters Quonset hut.
Note the vapor trails from high flying B17s and B24s going out on bombing runs over the continent.

Avril 1944, Bob Piper à Camp Quorn, en Angleterre. Le campement du 505ème PIR avait été établi dans le hameau de Quorndon dans le Leicestershire. Piper se tient à côté du mur d'enceinte entourant le campement établi sur la propriété Nyleproe, située non loin du QG régimentaire construit dans un bâtiment en tôles ondulées, type Quonset Hut.
Dans le ciel, on peut apercevoir les traînées de vapeur laissées par les B17 et B24 en partance pour une mission de bombardement sur le continent.

Capt. Piper pictured in a hedgerow on the western outskirts of Ste Mère-Eglise, on D-Day, after organizing the Rgtl. CP.

Le Capt. Piper photographié devant une haie à l'ouest de Ste Mère-Eglise, le Jour-J, après avoir organisé le PC du régiment.

On D plus 1, at the orchard where the 505 had set up its CP, Captain Bob Piper got his first opportunity to get some sleep.

Le jour-J plus 1, dans le pré où le 505 avait établi son PC, le Capitaine Bob Piper a enfin l'occasion de prendre un peu de repos.

"I was in the door of the 505 lead aircraft. Col. Ekman had said since I made out in both Sicily and Italy jumps he would ride my back out of the lead aircraft for the Normandy jump as well. After the flak over St. Sauveur le Viconte I could see the moon reflection in the flooded Merderet River flats when we were not in the low clouds. I jumped not too far from Chef du Pont. I landed near a barn in a field and saw no one else, dogs were barking,. I started walking in the direction that the aircraft were flying; soon I met some other 505'ers and we walked along a railroad track through some deep cuts in the ground. We had not gone too far when we linked up with General Gavin, his aide Hugo Olson, and a few others and we moved generally North along the rail line. Gen. Gavin and his aide split, going easterly and the few of us continued on the railroad track. Before too long I met Jack Norton, our 505 S-3, and when we moved eastward, we could see the reflection of the fires in Ste Mere and hear small arms fire there and to the North so we went toward the town.

We had picked out the apple orchard where we set up the 505 CP from an aerial photo taken a few days before the drop. Moving toward Ste Mere-Eglise along an electric power line, we hit the road that ran to the Merderet River from Ste Mere and it was here that our apple orchard was located. We lucked into coming out exactly where we wanted to be. We quickly set up security around the orchard and as people closed in on us we soon had a secure command post. Col. Ekman soon came in and because the 505 was organized, the bits and pieces of the Division CP moved in on top of us. They had no organization. Fighting continued in Ste Mere and only a few hundred yards from our CP, there were Germans firing small arms in and at the town and at the 505 command post area. I did not get any sleep before D plus 1."

"J'étais à la porte de l'avion de tête emmenant le 505. Le Colonel Ekman m'avait fait savoir qu'étant donné que j'avais occupé cette position lors des sauts sur la Sicile et l'Italie, il se reposerait encore sur moi pour le saut sur la Normandie. Après avoir subi la DCA au-dessus de St. Sauveur le Viconte, quand nous n'étions pas dans les nuages, je pouvais voir la lune se refléter dans les champs inondés qui bordaient le Merderet. J'ai sauté pas très loin de Chef du Pont. J'ai atterri près d'une grange, et ne vis personne, j'entendais des chiens aboyer. J'ai commencé à marcher dans la direction empruntée par les avions et rapidement j'ai rencontré quelques autres du 505 et nous avons progressé dans un fossé le long d'une voie de chemin de fer. Rapidement nous avons rencontré le Général Gavin, son aide de camp Hugo Olson et quelques autres. Nous progressions généralement vers le nord suivant la ligne de chemin de fer. Le Général Gavin et son aide nous quittèrent, allant vers l'est, alors que nous continuions le long de la voie de chemin de fer. C'est là, que nous sommes tombés sur Jack Norton, le S-3 du 505, et alors que nous nous déplacions vers l'est nous pouvions voir les lueurs des incendies de Ste Mère et entendre les combats qui faisaient rage là-bas et au nord. Alors, nous nous sommes dirigés par là.

Le verger dans lequel nous avions placé le PC du 505 avait été sélectionné à partir d'une photo aérienne prise quelques jours avant le parachutage. Alors que nous dirigions vers Ste Mère, le long d'une ligne électrique, nous avons croisé la route qui va de Ste Mère au Merderet et c'était là que notre verger se trouvait. C'était un fameux coup de chance de se retrouver exactement là où nous devions être. Nous avons rapidement installé des avant-postes autour du verger. Le Colonel Ekman fit son apparition dès que le 505 fut organisé et divers éléments du commandement de la Division s'installèrent à notre PC. Ils étaient totalement désorganisés. Les combats ont continué dans Ste Mère et à quelques centaines de mètres de notre PC, il y avait des Allemands qui tiraient vers la ville et vers le secteur du PC du 505. Je n'ai pas fermé l'oeil avant J+1."

The 505th Regimental Staff arrives at Groesbeek after a successful landing. Colonel William E. Ekman (facing camera), CO 505th and his XO Lt. Col. Edward C. Krause discuss the situation.

L'Etat Major du 505ème arrive à Groesbeek après un atterrissage réussi. Le Colonel William E. Ekman (faisant face), CO 505ème et son second Edward C. Krause rendent compte de la situation.

"I remember well being at Folkingham Airfield, not far from the 505 Base Camp at Quorn, where we were in a sealed departure airport waiting for the word to go. Once again I was the number one jumper in the Regimental Headquarters serial and Colonel Ekman was right behind me. We flew low as we approached the English Channel and in over the Dutch low country. I could see the people coming out of churches and waving and I'd wave back. The Maas-Waal Canal let us know Groesbeek was close and I could see the large cleared DZ up ahead. I could see three Germans manning a machine gun and they were firing at us as we came down, but seeing so many parachutists that were armed and would be landing on top of them they stopped firing and were standing outside their gun position with their hands in the air waiting to surrender as soon as we could get out of our chutes. I landed close to the N.E. section of Groesbeek, moved up town and set up the initial CP in the wooded area on the Groesbeek-Mook road in a fairly large bunker built by the Germans. We operated out of there until moving to Nijmegen."

"Je me souviens très bien quand j'étais sur la base aérienne de Folkingham, non loin du camp de base du 505 à Quorn, où nous étions sur un terrain sécurisé en attente de l'ordre de départ. J'étais à nouveau le premier à sauter dans la vague d'avions de l'Etat-Major du régiment et le Colonel Ekman était juste derrière moi. Nous volions à basse altitude alors que nous approchions de la Mer du Nord et du plat pays hollandais. Je pouvais voir les gens à la sortie de l'église; ils nous faisaient des signes auxquels je répondais. Le canal Maas-Waal nous indiquait que Groesbeek était proche et je pouvais voir la large zone de parachutage. Je pouvais également voir trois Allemands en position derrière une mitrailleuse, nous tirant dessus. A la vue de tant de parachutistes ils cessèrent le feu et se tinrent les mains en l'air devant leur position, attendant que nous nous extrayions de nos parachutes. J'atterris au nord-est de la DZ de Groesbeek, fis mouvement vers le village et installai le PC dans un bunker construit par les Allemands dans les bois le long de la route Groesbeek-Mook. Nous opérions de là jusqu'à ce que l'on fit mouvement à Nimègue."

In the woods between Groesbeek and Mook Capt. Robert Piper set up Ekman's first CP.

Dans les bois entre Groesbeek et Mook, le Capt. Robert Piper établit le premier PC d'Ekman.

S-1 Journal
505th Parachute Infantry Regiment

17 September 1944

13:08 First elements dropped near Groesbeek, Holland.
     Other elements came in at short intervals. Casualties: very light.
     Weather: bright, sunny and warm.

14:10 1st Group assembled by Col. Ekman approx. 1 mile from DZ.

14:40 Group moved to Regt'l. CP.

15:00 CO sent messages to all Bns: Area full of our own men, watch who you fire at.

15:30 Arrived at Groesbeek, marched through the town to approx. 1 mile of the town to the Regt'l CP where we met by Lt. Col. Krause and the remainder of Regt'l Hqrs. Co. Serial coordinates: RJ 7485.5425. Approx. 100 prisoners taken in Groesbeek.

17:20 19 prisoners brought in CP.

17:25 9 prisoners brought in CP by British.

17:30 Capt. Crossman reported in.

Sgt. Major Elmer P. Ward and Capt. Piper at Regimental CP. For the Holland invasion, Piper remained S-1. Ward was the 505 Regimental Sergeant Major.

Le Sgt. Major Elmer P. Ward et le Capt. Piper au PC du régiment. Pour l'invasion de la Hollande, Piper demeura S-1. Ward avait la fonction de Sergent Major du régiment.

17:45 Few stragglers into CP.

17:45 2 British Prcht-Men into CP. Group of 20 men near Regt'l Supply Officer.

17:50 O/L shows present troop disp.
Hqrs Co. 3rd Bn.	16 Off-167 EM
Co. G	9 Off-140 EM
Co. H	8 Off-145 EM
Co. I	7 Off-140 EM

All men unaccounted for are missing from jump, no jump casualties.

17:50 Have a sedan in fair running condition.

17:50 O/L from 3rd Bn. to S-3

17:50 Captured documents from 3rd Bn to S-2

17:50 Captured truck loaded with bundles and equipment to RSO.

18:00 Jeep full of unidentified Div. Persnl. in CP.

18:00 3rd Bn. CP moved to 754.546.

After the Holland campaign, Piper's unit, awaiting reinforcements and resupply in a rear area in Reims, France, was engaged in normal training activities when, on December 17, 1944, it was called to its fifth campaign. First orders were received to move in the direction of Bastogne with its combat elements. The paratroopers would have preferred to go by plane however this time they were to jump from trucks. They had been directed to move from base camps and to concentrate in the Ardennes where the situation at the front was critical, the enemy had broken through in Belgium with a powerful thrust.

Piper was ready for this quick move, a basic load of ammunition was in the hands of the regiment. Two 'K' and 'D' rations could be distributed to each man in a matter of hours. All weapons, uniforms and equipment were up to operating standards.

On the way, the destination had been changed from Bastogne to Werbomont and Piper was to set up his CP in the vicinity of Basse-Bodeux.

The pressure built up intensely all along the front. The paratroopers fought for several days, stopped, and held against the elite divisions of Feld Marshal von Runstedt

From the Battle of the Belgian Bulge in the Siegfried line and on the Roer river.

providing a safe area through which trapped Allied units could withdraw from the breakthrough area. This ended all offensive efforts of the Germans. The paratroopers then switched from defensive to offensive action overrunning the enemy and capturing 2500 prisoners including 5 Battalion Commanders.

With the situation in hand, Piper withdrew to a rest area from which the regiment was later committed to attack east of St. Vith. Progressing through deep snow over

Après la Hollande, le 505ème PIR se trouvait aux environs de Reims où il poursuivait son entraînement, jusqu'au moment où, le 17 décembre 1944, il reçut l'ordre d'entreprendre, dès le lendemain, sa cinquième campagne. L'ordre initial faisait mention de faire mouvement avec ses éléments combattants en direction de Bastogne. Bien qu'ils eurent préféré sauter d'un avion, cette fois les hommes sauteraient d'un camion! Ils devaient se rendre par la route, du camp de base jusque dans les Ardennes où l'état du front était critique; l'ennemi avait déclenché une offensive d'envergure en Belgique.

Piper était prêt pour ce mouvement rapide, une dotation de munition pour chaque homme était dans les stocks du régiment, deux rations 'K' et 'D' pouvaient, en quelques heures, être distribuées à chaque homme et tous les armes, uniformes et équipements étaient disponibles.

En chemin, la destination fut changée de Bastogne en Werbomont. Piper installa son PC aux environs de Basse-Bodeux.

La pression sur le front était à son comble. Les parachutistes se battirent, arrêtèrent et tinrent bon contre les divisions d'élites du Feld Marshal von Runstedt, fournissant un secteur par lequel les unités Alliées prises au piège purent se retirer. Cette manoeuvre mit fin à toute offensive allemande. Les parachutistes furent alors en mesure de passer d'une situation défensive à une situation offensive, qui submergea l'ennemi et apporta la capture de 5 Commandants de Bataillon et de 2.500 prisonniers. Le front sous contrôle, Piper se replia vers un lieu de repos duquel le régiment fut très vite appelé à attaquer vers St Vith. Progressant à travers bois dans une neige profonde, les parachutistes submergèrent une force ennemie

thickly wooded mountainous terrain the paratroopers overran a considerable force in a constant day and night attack lasting for six days. This attack was the most arduous of all the battles fought by Piper.
Ultimately the 82nd drove into the Siegfried Line.

considérable, grâce à de constantes attaques menées jour et nuit pendant six jours.
Cette bataille fut la plus rude de toute les batailles menées par Piper durant la seconde guerre mondiale.
Après cela la 82ème se rendit sur la ligne Siegfried.

Major General Matthew B. Ridgway, Commanding General XVIII Airborne Corps and Major General James M. Gavin Commanding General 82nd Airborne Division work out detailed battle plans at Colonel Ekman CP.

Le Major Général Matthew B. Ridgway, commandant le XVIII Airborne Corps et le Major Général James M. Gavin, commandant la 82nd Airborne Division établissent les plans de bataille au PC du Colonel Ekman.

Colonel William "Bing" Ekman
at his CP.

Le Colonel William "Bing"
Ekman à son PC.

Below: Generals Ridgway and Gavin photographed by Piper at the Regimental CP.

Ci-dessous : Les Généraux Ridgway et Gavin photographiés par Piper au PC du Régiment.

"Challenge" CP from which Captain Piper was to operate his Intelligence Section. "Challenge" was the radio callsign for the 505th PIR.

Le poste de commandement "Challenge" d'où le Capitaine Piper devait diriger sa section de renseignements. "Challenge" était le code radio du 505ème PIR.

"The 75 mm Howitzer looked like "pea shooters" but they could be brought right close for artillery support and saved our butts more than once."

"Les Howitzers de 75 n'avaient l'air de rien, mais ils pouvaient être amenés très près de l'action pour fournir un tir de support. Ils nous sauvèrent la mise plus d'une fois."

Capt. Baron Floyd, 456th PFAB Artillery Liaison Officer with the 505, visited the 505 CP. His job was to provide the 505 with support from his 75mm Pack Howitzers.

Le Capt. Baron Floyd, officier de liaison du 456ème PFAB avec le 505. Il avait pour tâche de pourvoir au support des obusiers de 75mm pour le 505.

THE BULGE

When the defense perimeter was secured, the unit turned to the offense. The 82nd had set the pace for other units and, on January 11, 1945, was relieved and moved to Corps Reserve at Theux. The Regiment was only shade of the one that had jumped from the trucks 25 days before. Only half of the force remained and the regiment needed to be reorganized and re-equipped.

A considerable rotation occurred among the officers with the result that Piper traded position with Lt. Jim Agee. Thus Piper became S-2, and Agee S-1.

For Capt. Piper, the Bulge was the worst battle; cold, frostbite, frozen feet, food shortage, tough fighting...

Quand le secteur défensif fut sous contrôle, l'unité passa à l'offensive. La 82ème avait préparé le terrain pour d'autres unités et, le 11 janvier 1945, fut retirée du front pour être placée en réserve à Theux. Le Régiment n'était plus que l'ombre de celui qui avait sauté des camions 25 jours auparavant. Il n'y avait plus que la moitié des effectifs opérationnels et le régiment avait besoin d'être réorganisé et rééquipé. Une rotation considérable s'opéra parmi les officiers, et Piper échangea sa position au sein de l'unité, avec le Lieutenant Jim Agee. Piper était devenu S-2 et Agee S-1.

Pour Piper, la Bataille des Ardennes fut parmi les plus difficiles. Les combats étaient rudes, l'alimentation rationnée, les pieds constamment gelés et surtout, le froid omniprésent.

Capt. Piper meets with other officers at Theux, where the Regiment rested and reorganized after 25 days of fierce and difficult combat.

Le Capt. Piper rencontre d'autres officiers à Theux, où le régiment a été placé en repos après 25 jours de rudes combats intensifs.

Bob Piper has pictured Colonel William Ekman at Theux. Col. Ekman wears a B-10 flying jacket. He has strapped his M-3 trench knife to his combat suspenders.

Le Colonel William Ekman photographié par Bob Piper à Theux. Le Col. Ekman est vêtu d'un blouson de pilote type B-10. Son couteau M-3 est attaché à ses bretelles de combat.

February 3, 1945, at the Belgian-German border, at Losheimergraben, Evelyn Stevens meets an S-2 patrol led by Piper upon its return from the German lines.

Le 3 février 1945, à la frontière belgo-allemande, à Losheimergraben, Evelyn Stevens rencontre une patrouille S-2, menée par Piper, de retour des lignes ennemies.

Captain Piper and Evelyn Stevens, better known as "Steve" to the Regiment. The German helmets were captured on a S-2 patrol led by Piper.

Le Capitaine Piper et Evelyn Stevens, mieux connue sous le pseudonyme de "Steve" par les hommes du Régiment. Les casques allemands ont été pris au cours d'une patrouille S-2 commandée par Piper.

In the woods at Losheimergraben, Capt. Bob Piper returned from leading a S-2 patrol that captured German prisoners for interrogation purposes.
Piper pauses holding the patrol M1903A4 Springfield rifle with scope. He wears a British-made camouflage smock. These camouflage outfits were sometimes cause for confusion because of the similarity with the enemy's snow suits.

Dans les bois de Losheimergraben, le Capt. Bob Piper rentre d'une patrouille ayant pour but de capturer des prisonniers allemands pour interrogation.
Piper pose avec le fusil Springfield M1903A4 de tireur d'élite servant à la patrouille. Il est vêtu d'un smock de camouflage de fabrication anglaise. Ces tenues de camouflage furent parfois la cause de confusions dues à leur similarité avec les tenues de neige de l'ennemi.

February 1945, Capt. Bob Piper, Intelligence Officer, after returning from a patrol in the Huertgen Forest near Losheimergraben, on the Belgian-German Border.

Février 1945, le Capitaine. Bob Piper, Officier de Renseignements, au retour d'une patrouille effectuée dans la forêt d'Huertgen non loin de Losheimergraben, à la frontière belgo-allemande.

Sgt. Ron Snyder and a sharp-shooter
from Piper's Regimental S-2 Section.

Le Sgt. Ron Snyder et un tireur d'élite
de la section de renseignements du
Capitaine Piper.

February 1945, Capt. Bob Piper's Intelligence section, after returning from a patrol in the Huertgen Forest near Losheimergraben, on the Belgian-German border.

Février 1945, les parachutistes de la section de renseignements du Capitaine Bob Piper, de retour d'une patrouille effectuée dans la forêt d'Huertgen, non loin de Losheimergraben, à la frontière belgo-allemande.

January 1945, the above photograph shows Evelyn "Steve" Charlotte Stevens, the 505 Red Cross girl and her "permanent detail" of donut crew taken in Theux, Belgium. These soldiers under the direction of "Steve" made donuts all day and delivered them at night with hot coffee to troopers outposted in the snow and cold.
For her exceptional dedication and leadership, Miss Stevens was awarded the Bronze Star Medal signed by the President of the United States, Harry S. Truman.

Janvier 1945, la photo ci-dessus, prise à Theux en Belgique, montre Evelyn "Steve" Charlotte Stevens, l'élément féminin de la Croix-Rouge attaché au 505, et son équipe de distribution de beignets. Ces hommes, sous la direction de "Steve", s'affairaient pendant la journée à la confection de beignets et à leur livraison avec du café chaud, la nuit, aux hommes en position dans la neige et le froid sur la ligne de front. Pour son exceptionnel dévouement et son leadership, Melle Stevens s'est vue attribuer la Bronze Star par le Président des Etats-Unis, Harry S. Truman.

February 6, 1945, Salm-Château, Belgium, where Evelyn Stevens had set up the temporary field kitchen.

6 février 1945, à Salm-Château en Belgique, où Evelyn Stevens avait installé sa cuisine de campagne.

On February 7, 1944, the 505 said so-long to the Ardennes and moved about 30 miles to the North, to the Huertgen sector where, as element of the XVIII Airborne Corps commanded by General Ridgway, it took part in the advance to the Roer River. On the 8th, Piper's route took him through the Kall River Valley which somewhere along the line had been nicknamed "Death Valley". "Death Valley" was a total desolation. New American units put in the German Border defensive positions in fall 1944 were overrun in November 1944, slaughtered by the Germans troops as they tried to retreat. Countless frozen dead troopers stayed buried by the snow and mud until the 505 penetrated into the area.

Except for extensive minefields, extremely difficult road conditions and hostile artillery fire, the operation was not too difficult.

On February 18th, the men of the Regiment were withdrawn and returned to the Sissone-Suippes area, France.

Le 7 février 1944, le 505 fit ses adieux aux Ardennes et fit mouvement 50 kilomètres au nord, dans le secteur d'Hurtgen où, en tant qu'élément du XVIII Airborne Corps commandé par le Général Ridgway, il progressa vers la Ruhr. Le 8 février, Piper se retrouva dans la vallée de la Kall, qui avait acquis le surnom de "Vallée de la Mort". La "Vallée de la Mort", c'était la désolation! De nouvelles unités américaines en position défensive sur la frontière allemande, en automne 1944, avaient été débordées en novembre 1944, alors qu'elles essayaient de se replier. Un nombre incalculable de corps de soldats restèrent figés dans la neige et la boue jusqu'à ce que le 505 pénétrât dans la zone.

A l'exception de nombreuses traversées de champs de mines, de routes chaotiques et de tirs d'artillerie hostiles, cette opération ne fut pas trop dure.

Le 18 février, les hommes du régiment se replièrent et retournèrent à Sissone-Suippes en France.

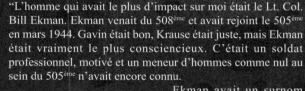

"The individual who had the greatest impact on me was Lt. Col. Bill Ekman who came to the 505th in March 1944 from the 508th. Gavin was good, Krause was fair, but Ekman was truly the most dedicated, motivated, professional soldier and combat leader -bar none- the 505th ever had in WWII. Col. Ekman had a nickname but very few people knew it as most people called him Colonel or Sir. It was "Bing" and it came from his West Point days when, as I understand it, he used to sing and sound somehow like Bing Crosby. Most people like General Gavin and other senior officers just called him Bill."

"L'homme qui avait le plus d'impact sur moi était le Lt. Col. Bill Ekman. Ekman venait du 508ème et avait rejoint le 505ème en mars 1944. Gavin était bon, Krause était juste, mais Ekman était vraiment le plus consciencieux. C'était un soldat professionnel, motivé et un meneur d'hommes comme nul au sein du 505ème n'avait encore connu.

Ekman avait un surnom mais très peu le connaissait étant donné que la majorité l'appelait Colonel ou Sir. Ce surnom, c'était "Bing". Cela remontait au temps où il était à West Point, où si j'ai bien saisi, il chantait avec le timbre de Bing Crosby. La plupart des officiers supérieurs et le Général Gavin l'appelaient simplement Bill."

Capt. Piper meets with his Commanding Officer, Col. Ekman, in "Death Valley".

Le Capitaine Piper rencontre son commandant, le Colonel Ekman, dans la "Vallée de la Mort".

Death

""Death Valley" was cold and humid, and the towns of Huertgen, Vossenack, Harscheidt, Zu Schmidt and Schmidt looked like something you'd see in a WWI movie: houses in shambles, roofs gone, roads full of wet mud.

The 505 was moving to the Schmidt Ridge overlooking the Roer River. We "borrowed" a Weasel (small, full track personnel carrier) and as the 505 S-2, I went down into the valley of the Kall River to insure no German troops were there. I had a few men with me and went down the steep wooded side of the valley. Part way down we saw an aid station tent. Patients were waiting to be medically helped but it seemed like the time had stopped. All these Americans soldiers were dead. Some who had tried to escape the German tanks and small arms fire being brought down on them were all lying out in the mud. There were wrecked vehicles everywhere and tons of GI equipment laying around, and dead bodies emerged from the snow everywhere. They were frozen stiff and the snow had kept them buried since the Germans came into the valley in the fall of 1944. They caught those poor retreating bastards of the 28th Infantry Division and slaughtered them in their tracks. There were no German troops in this valley, just Americans, but all dead.

At this stage of the war, I had seen a lot, but this was one of the saddest sights of WWII for me.

I reported this grim scene and when Graves Registration people came to retrieve the bodies they found many of the frozen bodies had been booby-trapped and several grave registration people received shrapnel wounds."

"La "Vallée de la Mort" était glaciale et humide et les villes de Huertgen, Vossenack, Harscheidt, Zu Schmidt et Schmidt ressemblaient à ce qu'on voyait dans un film sur la Première Guerre: maisons détruites, toits manquants, routes inondées et boueuses...

Alors que le 505 faisait mouvement vers Schmidt, surplombant la Roer, nous avions emprunté un Weasel (petit transporteur de troupes chenillé) et en tant que S-2 du 505, je m'étais rendu dans la vallée de la Kall, afin de m'assurer qu'il n'y avait aucun Allemand. Quelques hommes étaient avec moi et nous descendions les pentes abruptes conduisant au bas de la vallée. A mi-chemin, nous découvrîmes une antenne médicale. Les patients semblaient en attente d'être soignés. On aurait dit que le temps s'était arrêté. Tous ces soldats Américains étaient morts. Ceux qui avaient tenté d'échapper aux chars allemands étaient là, gisant dans la boue. Il y avait des carcasses de véhicules partout et des tonnes d'équipements US tout autour et, de tous côtés, des corps sans vie émergeaient de la neige. Ils étaient raides gelés et la neige les avaient recouverts depuis que les Allemands étaient arrivés dans la vallée en automne 1944. Ils avaient pris ces pauvres bougres de la 28ème d'infanterie au piège et les avaient anéantis. Il n'y avait pas de soldats allemands dans cette vallée, rien que des Américains, mais tous étaient morts.

A ce stade de la guerre, j'en avais vu pas mal, mais ceci était une des situations les plus pénibles qu'il m'ait été donner de voir.

Je rapportai cette scène et quand le personnel des sépultures arriva pour retrouver les corps il s'aperçut que de nombreux corps gelés avaient été piégés et plusieurs hommes des sépultures furent blessés."

"Death Valley", between Schmidt and Huertgen on the German border where US troops had been overrun and slaughtered by the German forces in November 1944. When the 505 entered the valley in February it found equipment, bodies, vehicles, aid stations, etc, all buried in the mud, and frozen solid.

La "Vallée de la mort", sur la frontière allemande, entre Schmidt et Huertgen, où les troupes américaines avaient été submergées et anéanties par les forces allemandes en novembre 1944. Quand le 505 pénétra dans la vallée, il trouva équipements, troupes, véhicules, hôpitaux de campagne, etc, tous ensevelis dans la boue et gelés.

February 1945 in the cold, rainy and muddy town of Schmidt, six US tanks take cover from German observers.

Février 1945, six chars américains sont à couvert dans la froide, pluvieuse et boueuse ville de Schmidt.

Colonel Bill Ekman, C.O., 505, snapped by Piper at Schmidt, Germany, on February 1945.

Le Colonel Bill Ekman, commandant le 505, photographié par Piper à Schmidt, en Allemagne, en février 1945.

Capt. John Boyd, Regt'l Commo Officer and 1st Lt. Jim Agee, S-1. The 505 lost many officers during the Battle of the Bulge with the result that considerable rotations occurred among the officers and Capt. Piper and Lt. Jim Agee swapped jobs.

Le Capt. John Boyd, Regt'l Commo Officer et le 1er Lt. Jim Agee, S-1. Le 505 perdit de nombreux officiers durant la Bataille des Ardennes ce qui induit de nombreux changements au sein du cadre et le Capt. Piper et Lt. Jim Agee échangèrent leur fonction.

Camp Sissone, some fifty acres of three-story barracks, had evolutionized from a French army post in the '20s through a dark history as a German camp for FFI prisoners and panzer park to its present status as base headquarters for the 82nd Airborne Division.

The 505 PIR was stationed there for six weeks and Piper was spending time on reorganizing the regiment, furloughs and, resting.

Among the rumors that went the rounds, it was believed that the next jump would be across the Rhine. Although the last war time jump effected by the Regiment was a practice daylight jump in the vicinity of Reims. This practice jump was to be notable for two innovations; the new twin-door aircraft, the C-46 Curtiss Commando, and the new parachute, the T-7.

At that time considerable shifting of officers occurred within the Regiment and Piper got promoted to Major.

Early April 1945 the Regiment was called to move in the vicinity of Cologne to take up defensive positions to hold the flank of the Roer Pocket; a child's game after all they had gone through!

The last jump

Camp Sissone, quelques 25 hectares de baraquements à trois étages, est passé successivement de caserne de l'armée française dans les années 20, à un camp allemand de prisonniers FFI et un parc pour Panzer, avant de servir de base à la 82ème Division Aéroportée.

Le 505 PIR y était caserné pendant six mois et Piper se partageait entre la réorganisation du régiment, le repos et les permissions.

Parmi les rumeurs qui circulaient au sein du régiment, il était question de sauter au-delà du Rhin. Cependant, le dernier saut effectué par le régiment sera un saut d'entraînement, de jour, dans les environs de Reims. Ce saut verra deux innovations : l'apparition du nouvel avion à double portes de sortie, le C-46 Curtiss Commando, et du nouveau parachute, le T-7.

A cet époque de considérables changements au sein du régiment eurent lieu et Piper fut promu au grade de major.

Au début avril 1945, le régiment était appelé à se rendre aux environs de Cologne pour occuper une ligne défensive sur le flan de la poche de la Rhur ; un jeu d'enfant après ce qu'ils avaient traversé!

Capt. Bob Piper rigged with the newly designed T-7 parachute, ready for a practice jump in Suippes, France, April 1945.

Le Capt. Bob Piper équipé du tout nouveau parachute T-7, prêt pour un saut d'entraînement à Suippes en France, en avril 1945.

For rapid identification within the regiment, airborne units used a tactical sign painted on the side of the helmets. "Jack of Diamonds" was the tactical sign adopted by the 1st Battalion of the 505 (see picture on opposite page).
It appears that in the 82nd Airborne the markings of the helmet had a connection with the Battalion commander (see page 15). Major Fred Kellam, who commanded the 1st Bn. of the 505 in Normandy (KIA at the La Fière Bridge, Normandy) used to sing an old Western cowboy song titled, "Jack of Diamonds". Kellam was the officer who gave the 1st Bn. the Jack of Diamonds name and helmet insignia.

J◇

Afin de pouvoir rapidement s'identifier au sein du régiment, les unités aéroportées utilisaient un insigne tactique peint sur le côté des casques. "Jack of Diamonds" était le signe tactique adopté par le 1er bataillon du 505 (voir photo sur la page opposée).
Il apparaît que dans la 82ème Airborne, le marquage des casques avait une corrélation avec le commandant du bataillon (voir également page 15). Le Major Fred Kellam, qui commandait le 1er bataillon du 505 en Normandie (tué au pont de la Fière en Normandie) chantait régulièrement une vieille chanson de cowboy intitulée "Jack of Diamonds". Kellam est l'officier qui donna au 1er Bn., son surnom et son insigne de casque.

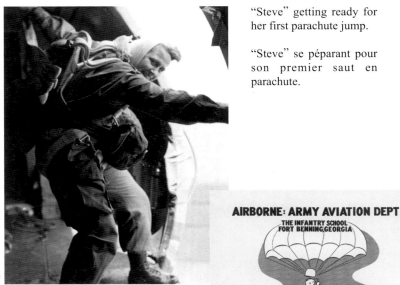

"Steve" getting ready for her first parachute jump.

"Steve" se péparant pour son premier saut en parachute.

"Steve" was a qualified gliderist and on several occasions disguised as Pvt. Steve and dressed in paratrooper clothing, she attempted to place herself on a jump roster with the intention of making a parachute jump, but never succeeded.

AIRBORNE: ARMY AVIATION DEPT
THE INFANTRY SCHOOL
FORT BENNING, GEORGIA

Certifies that

STEVE PIPER

has satisfactorily completed a buddy seat descent from the

250 foot Parachute Jump Tower

and is now rated a .....

Qualified Buddy Seat Rider

The Infantry School

"Steve" avait passé sa qualification "planeur" et à plusieurs reprises, déguisée en Pvt. "Steve", vêtue d'une tenue de parachutiste, tenta de s'inscrire sur les listes de saut avec la ferme intention d'effectuer un saut en parachute, mais n'y parvint jamais.

The American National Red Cross
Overseas Service Certificate
to

Evelyn Stevens Piper

In recognition and appreciation of the faithful and meritorious performance of humanitarian service overseas in the Second World War as a representative of the American Red Cross

Harry Truman
PRESIDENT

Basil O'Connor
CHAIRMAN

ISSUED June 13, 1946

"Steve" was the only front-line donut girl in the 505. Everyone, enlisted men and officers alike, in the regiment knew and respected her for the job she did in base camps as well as in combat zones in the Bulge. Everyone thought the world of her and protected her like they would their own sister. She was, indeed, one of a kind and a true "trooper" in every sense of the word.

"Steve" était la seule "donut girl" dans le 505. Tout le monde, hommes de troupe comme officiers du régiment, la respectait pour le travail qu'elle faisait tant au campement de base qu'en zone de combats dans les Ardennes. Chacun l'adorait et la protégeait comme si elle était sa propre soeur. Elle était vraiment unique et sans aucun doute un vrai soldat, dans tous les sens du terme.

Maj. Ed Thomas from FSSF, Maj. Bob Piper, Capt. John Boyd, Capt. Jack Tallerday, Lt. Bob Coupe, Lt. Dieroff and two unidentified officers of the 505th PIR.

Le Major Ed Thomas du FSSF, Maj. Bob Piper, Capt. John Boyd, Capt. Jack Tallerday, Lt. Bob Coupe, Lt. Dieroff et deux officiers du 505, non-identifiés.

Bruehl, Germany, April 15, 1945. 505 PIR Softball Team.
Back row, left to right: Capt. A. W. Miller, S-1, Maj. Baron Floyd, 456th PFAB, Chaplain Hannon, Capt. Jim Agee, S-1, W.O. Moe Ross, Lt. Jim Hauffman, Pers.
Front row L to R: Capt. Bob Piper S-2, Lt. Col. Woody Long XO, Col. Bill Ekman, CO, Maj. Bill Harris, S-3, Lt. Larry Lawrence.

L'équipe de softball du 505 à Bruehl, Allemagne, le 15 avril 1945.
Debouts en second plan, se trouvent : Capt. A. W. Miller, S-1, Maj. Baron Floyd, 456th PFAB, Chaplain Hannon, Capt. Jim Agee, S-1, W.O. Moe Ross, Lt. Jim Hauffman, Pers .
Assis au premier plan, on peut voir : Capt. Bob Piper, S-2, Lt. Col. Woody Long, XO, Col. Bill Ekman, CO, Maj. Bill Harris, S-3, Lt. Larry Lawrence.

March 1945, Piper and "Steve" in front of the Company's Quarters in Suippes, after announcing their engagement.

Mars 1945, Piper et "Steve" devant les quartiers de la compagnie à Suippes, après avoir annoncé leurs fiançailles.

Col. Bill Ekman CO and Maj. Talton W. Long XO, at Suippes.

Colonel *William E. Ekman*
505 Parachute Infantry
requests the presence of
Mr. & Mrs. K. C. Stevens
at the marriage of
Miss *Evelyn Charlotte Stevens*
and
Major *Robert Martin Piper*
at the Protestant Temple, at Boulevard Lundy
Rheims, France
on Saturday 16 June 1945 at 1400 hours

Epinal, France 19 June 1945

Tuesday afternoon, June 19, 1945, at 14:00 hours, the long romantic engagement of the former Miss Evelyn Stevens, 505 Red Cross Club Director, and Major Robert M. Piper, S-2 Officer was solemnized in marriage at Epinal. The lovely bride appealingly attired in civilian clothes was given away by Colonel William E. Ekman. Jointly selected by the bride and groom as best man and maid of honor, Major William J. Harris, 505 S-3 Officer and Miss Glennyth Woods, ARC girl 325 GIR. The wedding ceremony was performed by Chaplain George B. Wood, Major, the famous 505 chaplain.

Mardi après-midi, le 19 juin 1945, 14 heures, la relation amoureuse de Miss Evelyn Stevens, 505 Red Cross Club Director et du Major Robert M. Piper, Officier S-2 a été officialisée par le mariage à Epinal. La très belle mariée était apparue en civil escortée par le Colonel William E. Ekman. Les témoins étaient le Major William J. Harris, officier S-3 dans le 505 et Miss Glennyth Woods, fille de l'ARC dans 325 GIR. La cérémonie était officiée par le Chaplain George B. Wood, Major, le célèbre aumônier du 505.

82nd's First Continental Marriage Takes Place in the 505

By Mike Bradford

Tuesday afternoon, June 19, 1945, at 1400 hour, the long romantic engagement of the former Miss Evelyn Stevens, 505 Red Cross Club Director, and Major Robert M. Piper, S-2 Officer was solemnized in marriage at the Protestant Temple, Rue de la Prefecture, Epinal, France. The lovely bride, appealingly attired in civilian clothes was given away by Colonel William E. Ekman. Jointly selected by the bride and groom as best man and maid of honor, Major William J. Harris, 505 S-3 Officer, and Miss Glennyth Woods enhanced the occasion with their mutual charming manners and sincere friendliness.

Acting as head usher, Major Jacob Wagner, assisted by ushers Captain James R. Agee, Lt. James Lawrence, and Chief Warrant Officer Robert A. Ross, lent additional military pomp and pleasantness to the affair by their presence and unflagging concern in making the guests acquainted and comfortable. The bridesmaids were Miss Louise Shephard, Miss Dorothy Davis, Miss Violet Onett, and Miss Violet Kochendorf. Lt. William Ramacy, 505 Ass't S-2 Officer, accompanied by Pvt. Robert Wilson, sang "Because," and "At Dawning," creating and sustaining the lovely visualization of a prewar marriage in the United States.

Following the beautiful and inspirational marriage ceremony performed by Chaplain George B. Wood, Major, the newlyweds graciously took their leave for the wedding reception, held at the Champion Officers Club in Epinal. From 1500 hour to 1700 hour the couple and their honored guests joined together in the wonderful gaiety and happiness that permeated the entire reception.

From the enlisted man's point of view, who attended both the wedding and the reception, the whole occasion was an interesting one for them. To many of them the wedding represented the culmination of their own individual hopes for the time when they will again take up civilian life and consummate their long engagements in marriage. For all of them the reception represented an unexpected opportunity to see their beloved Red Cross confidante, the former Evelyn Stevens, married to a Trooper and Officer they all admire and have sollicited for.

The STATIC LINE, and the entire personnel of the 505th Parachute Infantry Regiment, wish to take this opportunity to extend their heartiest, sincere congratulations to Major and Mrs. Robert M. Piper. May their honeymoon in England and their future life together bring the realization of all the happiness in the world we want them to have.

THE AMERICAN NATIONAL RED CROSS
NATIONAL HEADQUARTERS
WASHINGTON 13, D. C.

CHAIRMAN'S OFFICE   June 13, 1946

My dear Mrs. Piper:

It was felt that the American Red Cross should give recognition to staff members who served overseas meritoriously in World War II. The Central Committee as the governing body of the organization accordingly authorised the issuance of certificates and insignia in token of appreciation to such workers.

The sacrifices our workers made in leaving their homes to serve the men in the armed forces of our country, the hardships endured, the skill and ingenuity utilized in meeting difficult situations are a matter of record and a source of pride to everyone who believes in Red Cross ideals.

You made a real contribution to the war effort through your work. For your loyal and faithful service, we present to you a certificate and the emblem of the American Red Cross which we hope you will wear as a symbol of our appreciation.

Sincerely yours,

Basil O'Connor
Chairman

Mrs. Evelyn Stevens Piper
344 South Maple Avenue
Oak Park, Illinois

HEADQUARTERS 82D AIRBORNE DIVISION
OFFICE OF THE DIVISION COMMANDER
Fort Bragg, North Carolina

Mrs. Evelyn Piper
c/o Major Robert M. Piper
Hdq., 82nd Airborne Division
Fort Bragg, N. C.

""Steve" was, indeed, one of a kind and a true "trooper" in every sense of the word.
"Steve" would go out most nights and, on one night was shot at by a German Patrol. The jeep was hit but neither she or her driver were wounded.
For her outstanding leadership and dedication she was awarded the Bronze Star Medal which is a strictly military decoration. The citation was signed by President Harry S. Truman and the medal was awarded to her at Fort Bragg, NC in April of 1946 and presented by General James Gavin, who then commanded the 82nd Airborne Division."

""Steve" était unique en son genre et un véritable soldat dans tous les sens du terme.
"Steve" effectuait des missions la plupart des nuits. Au cours d'une de celles-ci, une patrouille ennemie lui tira dessus. Sa jeep fut touchée mais ni elle ni son chauffeur ne furent touchés.
Pour son incroyable leadership et dévouement, elle se vit décerner la Bronze Star, une médaille réservée aux militaires. La citation était signée de la main du Président Harry S. Truman et la médaille lui fut remise par le Général James Gavin, qui commandait la 82ème Airborne."

The Bronze Star Medal is awarded to Mrs. Robert Piper, the former Evelyn Stevens, for services with the American Red Cross.

La Bronze Star fut décernée à Madame Robert Piper, initialement Evelyn Stevens, pour son valeureux service au sein de la Croix Rouge américaine.

THE WHITE HOUSE
WASHINGTON

CITATION FOR BRONZE STAR MEDAL

Mrs. Evelyn Piper, American Red Cross, served
as a Club Director with the 82nd Airborne Division from
March 1944 to January 1946 in the United Kingdom, France,
Belgium, and Germany. Her Red Cross services were of
great value before and after the Normandy invasion,
following the fierce combat in Holland, and during the bitter
Ardennes campaign when she was in close support of the
division. In all its subsequent operations, Mrs. Piper
remained with the unit and rendered continuous and excep-
tionally beneficial services to the personnel of the 82nd
Airborne Division.

Harry Truman

HEADQUARTERS 82d AIRBORNE DIVISION
OFFICE OF THE DIVISION COMMANDER

Fort Bragg, N. C.
6 December 46

Mrs. Evelyn Piper
c/o Major Robert M. Piper
Hdq., 82nd Airborne Division
Fort Bragg, North Carolina

Dear Evelyn:

I would like to congratulate you for having received the
Bronze Star Medal.

Knowing the service that you rendered the division during
many arduous and trying months under greatly adverse conditions
in the European Theatre, I know that there is no one any more
deserving of the award than you are.

The veteran troopers of the division join me in expressing
to you our congratulations as well as again our appreciation for
the many things you did for us.

Sincerely,

James M. Gavin
JAMES M. GAVIN
Major General, USA
Commanding

Evelyn —
I am sorry that circumstances
were such that I could not be
present when you received the
medal.

69

As the war ended, Piper made the decision to stay in the Army to continue to serve his country. He went to Korea as a Battalion Commander and later occupied various high assignments within the Airborne. He retired from the Army in 1972 as a full Colonel and at the time of writing of this book, enjoys retirement in Florida where he still frequently spends time in the air, flying his very own airplane.

A la fin de la guerre, Piper prit la décision de rester dans l'armée afin de servir au mieux son pays.
Il prit part à la guerre de Corée en tant que commandant de bataillon et, par après, occupa diverses fonctions de haut niveau à l'Airborne Departement. Il prit sa retraite avec le grade de colonel et, à l'heure de l'élaboration de cet ouvrage, savoure sa retraite en Floride où régulièrement encore il passe son temps dans les airs en pilotant son propre avion.

40th anniversary of D-Day, American Airborne officer, battle veteran of Sicily, Italy, Normandy, Holland, Germany, Korea and Vietnam, Colonel Bob Piper, (ret.) addresses US troops in Ste Mère-Eglise, France.

40ème anniversaire du débarquement, l'officier parachutiste américain, vétéran de la Sicile, l'Italie, la Normandie, la Hollande, l'Allemagne, la Corée et du Vietnam, Bob Piper, Colonel à la retraite, s'adresse aux troupes américaines présentes à Ste Mère-Eglise.

Steve Piper and the Colonel greet members of the Army Shooting Team at Ft. Benning, Ga, 1971.

Steve Piper et le Colonel félicitent les membres de l'équipe militaire de tir à Ft. Benning, Ga, 1971.

September 1986, Caen, France. Ground breaking for the Memorial Museum. L to R: French Prime Minister Jacques Chirac, Colonel Robert Piper US Army (ret), Ambassador Evan Griffith Galbraith, US Ambassador to France and Mayor of Caen.

Septembre 1986, Caen, France. Inauguration du Musée Memorial. De gauche à droite : Jacques Chirac, Premier Ministre français de l'époque, le Colonel Robert Piper US Army (ret.), Son Excellence Evan Griffith Galbraith, Ambassadeur des Etats-Unis en France et Monsieur le Maire de Caen.

Like many people interested in WWII history, I had the opportunity to go through many a book containing the famous picture of Bob Piper cradling his "grease gun" and standing in front of a crashed glider in Ste Mère Eglise. Ever since I was a boy, that picture always kept me fascinated while it was hanging on one of my walls.

One particular day, a 70-year old veteran visited my small private Airborne Museum and identified himself as the man of the picture hanging on the wall, I was the happiest man in the world! What a privilege and strange feeling to be able to have one of your favorite photographs talking!

I was amazed to find out how intact Bob's memory really was. Being a member of the 505th PIR Staff, and having been more specifically the Regimental Adjutant for several years, Bob Piper had an enormous knowledge about the men of the 505 and was able to identify men on photographs I had been looking at for years, vainly searching for names.

Like many of the true heroes, Bob Piper was a rather humble man and I remember very well how quiet he kept about himself. In the course of our many conversations, he mentioned a few photographs he had taken during the war, and also rolls of film he never had developed. As a WWII airborne photographs buff, he needed to say no more to raise my curiosity; the simple idea of there being undeveloped rolls of film dating back to WWII more than stimulated my imagination...

I met with Bob on several other occasions, including a reunion of Veterans belonging to his unit. Bob never really had time to go through these pictures, as he was spending a lot of time flying his personal airplane all around the States. Who could blame him? So, I never saw any of these photographs until one day, while visiting him at his house in Florida, Bob, generously opened his boxes loaded with pictures and rolls of negatives. I then spent an entire day digging through these boxes filled with memories. I felt like a kid in a toy store. Finding so many pictures, and listening to the many neat memories of a Vet was a real treat. It so triggered my interest in Bob Piper, I decided to write a book about his military career. I wanted to share these treasures with everyone interested.

He further generously allowed me to take the famous rolls with me so I could have them developed... and they turned out to be some of the most revealing and awesome WWII pictures taken on a very crucial historical moment, but ... this is another story, and it will become the subject of a yet to publish new book.

I would like to thank Bob for opening his door so generously and letting me dig into his personal souvenirs and those of his late wife. I would also like to take the opportunity to thank the many people who helped me in writing this book: Don Lassen, Philippe Notermans, Greg de Weissenbruch, Philippe D (photograph), Jean-Michel Selles, Emmanuel Allain, Alain Batens, Guy Leprètre, Christophe Demain, Isabelle Erpicum and my family for all the support they are always willing to provide.

Tout comme bon nombre de personnes intéressées par l'histoire de la Deuxième Guerre Mondiale, j'ai eu le loisir de parcourir de nombreux livres contenant la célèbre photo de Bob Piper prise devant un planeur accidenté à Ste Mère-Eglise. Depuis le plus jeune âge, cette photo me fascinait et était accrochée à un de mes murs.

Quand un jour, un vétéran affichant la septantaine, visitant mon petit Musée des Troupes Aéroportées s'identifiait comme étant l'homme sur cette photo pendue au mur, je fus un des hommes les plus heureux au monde. Quel privilège et quelle étrange sensation d'entendre parler une de vos photos préférées!

Je fus interpellé par la fidélité de la mémoire de cet homme. Bob Piper racontait les événements avec une telle précision qu'on se sentait transporté dans le passé. Ayant fait partie du staff de commandement du 505 et plus particulièrement ayant été le secrétaire du régiment pendant plusieurs années, il pouvait nommer la plupart des hommes du régiment et pouvait identifier de nombreuses photos prises à l'époque.

Comme la plupart des véritables héros, Bob Piper était très humble, et je me souviens fort bien qu'il ne disait pas grand chose à propos de lui-même. Durant nos conversations, il fit mention de quelques photos qu'il avait prises pendant la guerre mais surtout, de rouleaux de pellicules qu'il n'avait jamais développés. Etant fasciné par les photos de troupes aéroportées de cette époque, il n'en fallait pas plus pour susciter ma curiosité et exciter mon imagination ; des rouleaux de pellicules jamais développées depuis la guerre!

Par après, j'eus l'occasion de rencontrer Bob à diverses occasions incluant la réunion des vétérans de son unité. Bob n'eut jamais vraiment le temps de s'occuper de ces photos, il passait la plupart de son temps à piloter son avion. Qui pourrait le lui reprocher? Je n'eus donc jamais le plaisir de voir ces photos qui, au fil des ans rentraient lentement sous le statut de légende. Jusqu'au jour où, de passage à son domicile, il m'ouvrit ses précieuses boîtes remplies de photos et de négatifs. Je me sentais comme un gamin dans un magasin de jouets et passai la journée entière à fouiller ces boîtes. La découverte de tant de photos et l'écoute de ses récits captivants me donna l'envie d'écrire un livre sur sa carrière militaire pendant la Deuxième Guerre Mondiale. Bob me laissa généreusement emporter ses fameuses pellicules afin que je puisse les faire développer. Elles se révélèrent non seulement être prises pendant un moment clé de l'histoire, mais également être les photos les plus incroyables qu'il m'ait été donné de voir. Mais, celles-ci sont une autre histoire et feront l'objet d'un autre ouvrage.

Je tiens particulièrement à remercier Bob pour m'avoir ouvert ses portes si généreusement et m'avoir permis de fouiller ses souvenirs et ceux de sa regrettée épouse. Je tiens aussi à remercier Don Lassen, Philippe Notermans, Greg de Weissenbruch, Philippe D (photographe), Jean-Michel Selles, Emmanuel Allain, Alain Batens, Guy Leprètre, Christophe Demain, Isabelle Erpicum et toute ma famille pour l'aide qu'ils sont toujours prêts à fournir.